Achtung Schulanfänger!

Dekorative Schultüten

Marion Kühnaß

Kleiner Hase

Material (Abb. Seite 1)

- dunkelblauer Tonkarton, 35 x 50 cm
- Happy Papers, rosa mit weißen Pünktchen
- gelbes Krepp-Papier
- pinke Klebefolie
- Moosgummi: gelb, pink, blau, grün, braun
- Moosgummi-Buchstaben: „A“, „B“, „C“
- pinkes Schleifenband, 2 cm breit, 2 m lang
- pinkes Kräuselband
- Bastelfarbe: weiß, rot
- schwarzer, wasserfester Farbstift
- Zierrandschere

Den Rohling laut Grundanleitung von Seite 5 aus dunkelblauem Karton zusammenkleben, den oberen Rand und die Spitze mit pinker Klebefolie verstärken und die Öffnung mit Krepp-Papier sowie einer Pompon-Schleife verschließen.

Die Motivteile vom Vorlagenbogen auf die entsprechenden Materialien übertragen und ausschneiden. Den oberen Zierstreifen an der kleinen Schultüte dabei an einer Seite mit einer Zierrandschere schneiden. Für die Ohrinnenflächen und die Fußsohlen den rosa gepunkteten Karton nutzen.

Nun die Einzelteile zusammenkleben. Mit einem schwarzen Farbstift und den Bastelfarben die Konturen im Detail einzeichnen bzw. den Zahn und die Pünktchen auf dem Kleid aufmalen. Abschließend das Häschen so aufkleben, dass es an den Seiten von der Tüte absteht und die Moosgummi-Buchstaben ergänzen.

Impressum:

ISBN: 978-3-86545-188-0 ▪ Best.-Nr.: 45188

Fotos: Andrea Splietker
Styling: Andrea Splietker
Zeichnungen: Daria Broda
Layout/Satz/Bildbearbeitung: Andrea Splietker
Druck: Merkur Druck GmbH & Co. KG, Detmold ▪ www.merkur-druck-online.de

1. Auflage 2007

Vorwort

Ein ganz besonderes und einmaliges Ereignis im Leben eines Kindes ist der erste Schultag. Diesen Tag sollte man daher auch entsprechend feiern. Neben einem Fest mit Freunden und Verwandten, der neuen Schultasche und vielen Büchern gehört natürlich die Schultüte zum Einschulungstag. Prall gefüllt mit Süßigkeiten und vielen Überraschungen soll sie Ihr Schulkind an diesem Tag begleiten.

Die schönsten Schultüten, ganz auf die Wünsche und Vorlieben Ihres Kindes ausgerichtet, kann man natürlich nur selber basteln. Liebvoll gestaltet bringen sie die Augen Ihrer Kinder zum Leuchten. In diesem Buch finden Sie für kleine Mädchen eine Ballerina-Maus, den Fußballer für den kleinen Stürmer, Dschungeltüten für den abenteuerlichen Schritt in den Schulalltag, Ritter und Polizisten für die Helden unter den ABC-Schützlingen und vieles mehr.

Lassen Sie sich verführen von den vielen Anregungen und genießen auch Sie beim Basteln die Vorfreude auf den ersten Schultag.

Einen unvergesslichen Start wünscht Ihnen und Ihren Kleinen

Marion Kühnaß

Material & Werkzeug

- Tonkarton
- Motivkarton
- Glanzkarton
- fertige Schultüten-Rohlinge
- Wellpappe
- Vivelle-Papier
- Happy Papers
- selbstklebende Folie
- Krepp-Papier
- Moosgummi
- Bastelfarben
- Glitzerfarben
- Wackelaugen
- Styroporkugeln
- Schleifenbänder
- Tüll
- Kordeln
- 3D-Folienkleber
- Effektfolie

- Schere, Nagelschere
- Cutter mit Schneideunterlage
- Bleistift, Buntstifte
- wasserfeste Farbstifte
- Bastelkleber
- Heißkleber
- doppelseitiges Klebeband
- Klebefilm
- Lineal
- Kugelschreiber oder Prägestift

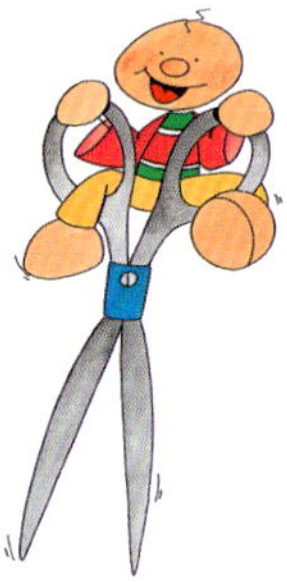

So wird's gemacht!

Vorlagen übertragen

Zunächst ein Stück Transparentpapier auf das gewählte Motiv des Vorlagenbogens legen und die Konturen mit einem Bleistift nachfahren. Nun das Transparentpapier mit der bemalten Seite nach unten auf den Karton legen, mit einem Kugelschreiber oder Prägestift die Linien nachziehen und so auf den Karton übertragen. Die einzelnen Motivteile entlang der Konturen ausschneiden.

Bemalung

Die Konturen und Gesichter sowie kleine Lichtreflexe in den Augen mit wasserfesten Farbstiften aufzeichnen. Für zarte Wangen mit einem Cuttermesser Farbpigmente von einer Buntstiftspitze abraspeln und mit dem Finger oder einem Wattestäbchen direkt auf dem Untergrund verreiben.

Tüten drehen

Den Tonkarton (35 x 50 oder 50 x 70 cm) über die kurze Seite drehen (Skizze 1 auf dem Vorlagenbogen) und von innen mit doppelseitigem Klebeband fixieren. Vor dem endgültigen Kleben den Bogen mehrmals in Tütenform vorrollen, um die Spannung zu nehmen. Von außen zur Sicherheit noch ein Stück Klebefilm auf die Naht aufbringen.

Rand und Spitzen verstärken

Zur Verstärkung des oberen Randes 10 x 2 cm große Streifen Selbstklebefolie immer waagerecht aufkleben und sich so um den gesamten Rand der Tüte arbeiten. Erst dann den überschüssigen Tonkarton abschneiden. Die Spitze mit einem Viertelkreis selbstklebender Folie ummanteln.

Tütenverschluss

Die Öffnung der Tüte mit Krepp-Papier oder Geschenkfolie verschließen. Das gewählte Papier für die großen Tüten in höchstens 40 cm und bei den kleinen Tüten in 25 cm Länge zuschneiden. Die Breite des Streifens ist vom Umfang der Tütenöffnung abhängig, der doppelte Umfang ist in der Regel vollkommen ausreichend. Das Papier an der Nahtstelle beginnend Stück für Stück mit Heißkleber im Inneren fixieren (Skizze 2 auf dem Vorlagenbogen).

Pompon-Schleife herstellen

Für eine Pompon-Schleife benötigen Sie ein etwa 2 m langes Stück Schleifenband und etwas Kräuselband in passender Farbe zum Abbinden. Das Schleifenband um einen ca. 15 cm langen etwas stärkeren Karton oder zum Beispiel dieses Buch wickeln, seitlich abziehen und in der Mitte einkerben (Skizze 3 auf dem Vorlagenbogen). Dort mit dem Kräuselband abbinden und die oberen Schlaufen von innen beginnend auffächern. Dazu die Schlaufen herausziehen und abwechselnd nach vorn und nach hinten verdrehen. Ebenso mit den unteren Schlaufen verfahren.

Mein kleines Pony

Material
- hellblauer Tonkarton, 50 x 70 cm
- grünes Tonpapier, 50 x 70 cm
- blaues Krepp-Papier
- selbstklebende weiße Folie
- Moosgummi: weiß, gelb, orange, rot, blau, hellgrün, braun, dunkelbraun, grau
- gelbes Schleifenband, 2 cm breit, 2 m lang
- gelbes Kräuselband
- Bastelfarbe: weiß, gelb, rot
- wasserfeste Farbstifte: rot, schwarz

Zunächst aus Tonkarton und Tonpapier je einen großen Schultütenrohling herstellen. Die grüne Tüte etwa 20 cm kürzer reißen, über die hellblaue Tüte stülpen und verkleben. So entstehen Rasen- und Himmelsbereiche. Den oberen Rand mit weißer Klebefolie abschließen und das blaue Krepp-Papier gerafft einkleben. Aus gelbem Band laut Grundanleitung von Seite 5 eine Pompon-Schleife binden und damit die Öffnung schließen.

Nun die Einzelteile des Ponys aus braunem und dunkelbraunem Moosgummi schneiden, zusammensetzen und mit einem schwarzen Farbstift die Konturen sowie die Hufe aufzeichnen. Mit weißer Bastelfarbe die Lichtreflexe ergänzen und die Augen vervollständigen.

Eine gelbe Sonne, weiße Wölkchen, orange Möhren, graue Hufeisen sowie zahlreiche kleine, bunte Blümchen aus Moosgummi schneiden. Mithilfe des schwarzen Stiftes die Möhren konturieren und die Nagelöffnungen an den grauen Hufeisen aufzeichnen. Die Blumenmitten mit den Bastelfarben gestalten und zum Schluss alle Teile auf der Tüte anordnen. Das Pferd dabei so fixieren, dass es an den Seiten von der Tüte absteht.

Hurra, endlich Schule!!!

Material
- mittelblauer Tonkarton, 35 x 50 cm
- gelbes Krepp-Papier
- Moosgummi: weiß, gelb, rot, hellgrün
- rote, selbstklebende Folie
- grünes Schleifenband, 4 cm breit, 1 m lang
- gelbes Kräuselband
- schwarzer, wasserfester Farbstift

Den Rohling vom Vorlagenbogen auf den blauen Karton übertragen, ausschneiden, laut Grundanleitung von Seite 4-5 vorformen und zusammenkleben. Die Spitze mit roter Klebefolie verstärken und den oberen Tütenrand mit gelbem Moosgummi verzieren.

Nun den Frosch und die Blumen auf die entsprechenden Moosgummi-Platten übertragen und ausschneiden. Die Teile zusammensetzen und bemalen. Dekorieren Sie die Tüte mit den Blumen und kleben den Frosch in die Öffnung des Rohlings.

Zum Schluss das gelbe Krepp-Papier mit Heißkleber in der Tütenöffnung fixieren und die Tüte mit einer grünen Pompon-Schleife verschließen.

Flugzeuge

Material
- fertiger Rohling mit Wolken
- weißes Krepp-Papier
- Moosgummi: weiß, gelb, rot, blau, hellgrün
- blaues Schleifenband, 2 cm breit, 2 m lang
- blaues Kräuselband

Den fertigen Schultütenrohling vorsichtig an den vorgegebenen Faltkanten einknicken, zur Tüte schließen und fixieren. Anschließend das weiße Krepp-Papier gerafft mit Heißkleber einkleben und mit einer blauen Pompon-Schleife verschließen. Dazu das Schleifenband um einen ca. 15 cm langen, etwas stärkeren Karton wickeln, seitlich abziehen und in der Mitte einschneiden. Das Ganze dort mit einem Kräuselband abbinden und die oberen Schlaufen von innen beginnend auffächern. Dazu die Schlaufen herausziehen und abwechselnd nach vorn und hinten verdrehen. Ebenso mit den unteren Schlaufen verfahren.

Die Einzelteile der Flugzeuge in jeweils unterschiedlichen Farben aus Moosgummi fertigen und zusammensetzen. Die Flugzeuge im vorderen Bereich so auf der Tüte fixieren, dass sie an den Seiten leicht abstehen.

Fußball – TOOOOOR!!!!

Material
- hellblauer Tonkarton, 50 x 70 cm
- grünes Vivelle-Papier
- weißes Krepp-Papier
- Moosgummi: weiß, hautfarbe, rot, schwarz
- rote Moosgummizahl „6"
- 2 halbe Styroporkugeln, Ø 4 cm
- selbstklebende Folie: weiß, schwarz
- je 1 m Schleifenband, 2 cm breit: schwarz, gelb, rot
- rotes Kräuselband
- wasserfeste Farbstifte: rot, schwarz
- weiße Bastelfarbe
- weiße Plusterfarbe

Den hellblauen Schultütenrohling laut Grundanleitung von Seite 5 anfertigen und mit einer Rasenspitze aus grünem Vivelle-Papier sowie einem Pfostenrand aus weißer und schwarzer Selbstklebefolie versehen. Das Netzmuster mit einem Plusterstift aufmalen und trocknen lassen. Anschließend das Krepp-Papier mit Heißkleber einkleben und die Tüte mit einer Pompon-Schleife in den Farben der Deutschlandfahne verschließen.

Die Einzelteile des Fußballers vom Vorlagenbogen auf die entsprechenden Moosgummiplatten übertragen und ausschneiden. Nun den Kicker zusammensetzen, gemäß Abbildung oder mithilfe der Vorlage bemalen und die „6" auf das Trikot kleben. Die halben Styroporkugeln als Fußbälle bemalen und mit dem kleinen Stürmer auf der Tüte platzieren. Die Figur dabei so fixieren, dass sie an den Seiten von der Tüte absteht.

Zauberei!

Zauberhut

Material
- schwarzer Tonkarton: 35 x 50 cm, 20 x 20 cm
- Krepp-Papier: lila, silber
- Moosgummi: weiß, pink
- selbstklebende schwarze Folie
- selbstklebende Hologrammfolie
- schwarzer, wasserfester Farbstift

Zu Beginn aus dem größeren Bogen Tonkarton eine Tüte fertigen. Dabei den oberen Rand gezackt 1 cm tief einschneiden und die Zacken nach außen umbiegen. Einen 4,8 cm breiten Ring mit einem Außendurchmesser von 20 cm anfertigen und auf den Zacken fixieren. Die Tütenspitze mit selbstklebender schwarzer Folie verstärken und einen 5 cm breiten lila Kreppstreifen um den oberen Tütenrand kleben.

Nun den Hasen vom Vorlagenbogen auf weißes Moosgummi übertragen. Eine pinke Nase sowie Ohrinnenflächen ergänzen und die Nase mit einem weißen Lichtreflex versehen. Das Gesicht und die Pfotenkonturen aufmalen. Anschließend den Kopf in die Tüte und die Pfoten auf den Hutrand kleben. Eine Manschette aus silbernem Krepp-Papier gerafft mittels Heißkleber in der Tütenöffnung fixieren. Abschließend aus selbstklebender Hologrammfolie Sterne ausschneiden und damit den Zauberhut dekorieren.

Zauberlehrling

Material
- blauer Sternenkarton, 50 x 70 cm
- silberne Geschenkfolie
- blauer Flitterkarton
- Moosgummi: weiß, hautfarbe, rosa, schwarz
- Holzhalbkugel, Ø 25 mm
- Rundholz, Ø 4 mm, 10 cm lang
- blaues Schleifenband, 2 cm breit, 2 m lang
- blaues Kräuselband
- Bastelfarbe: weiß, hautfarbe, rosa, schwarz
- schwarzer, wasserfester Farbstift

Aus dem blauen Sternenkarton einen großen Schultütenrohling fertigen und die Spitze mit silberner Geschenkfolie umkleben. Nun mit Heißkleber eine Manschette aus ebenfalls silberner Geschenkfolie einkleben und diese laut Grundanleitung von Seite 5 mit einer blauen Pompon-Schleife verschließen.

Den Mantel und den Hut des Zauberlehrlings aus blauem Flitterkarton anfertigen. Die restlichen Motivteile vom Vorlagenbogen auf die entsprechenden Moosgummi-Platten übertragen und ausschneiden. Die halbe Holzkugel hautfarben bemalen, dazu die rosa und die hautfarbene Bastelfarbe mischen, bis der Farbton des Moosgummis erreicht wird. Das Rundholz als Zauberstab schwarz und weiß gestalten. Die Teile trocknen lassen und die Figuren zusammensetzen. Anschließend die Konturen und Gesichter aufmalen. Den Hasen mit aufgemalten rosa Tatzen vervollständigen.

Zuletzt den Zauberlehrling so auf der Tüte anbringen, dass er an den Seiten leicht absteht.

Malerarbeiten!

Maler Klecksel

Material
- weißer Tonkarton, 35 x 50 cm
- rote, selbstklebende Folie
- rotweiß gestreiftes Krepp-Papier
- Moosgummi: gelb, hautfarbe, rot, hellblau, blau, grün, grau
- rote Kordel, 1 m lang
- alter Pinsel
- Zeitungspapier, 8 x 10 cm
- Bastelfarbe: weiß, rot
- wasserfeste Farbstifte: rot, schwarz

Aus dem weißen Tonkarton zunächst einen kleinen Schultütenrohling herstellen und den Rand sowie die Spitze mit der roten selbstklebenden Folie verstärken. Nun das gestreifte Krepp-Papier einkleben und die Öffnung mit einer Kordel verschließen.

Alle Teile vom Vorlagenbogen auf das Moosgummi übertragen und ausschneiden. Die Einzelteile zusammenkleben und mit den Farbstiften und der Farbe die Details aufzeichnen. Dem Maler ein Hütchen aus Zeitungspapier aufsetzen und einen Pinsel in die Hand geben. Abschließend die Figur, zahlreiche Moosgummi-Farbkleckse und die Farbeimer auf der Tüte anordnen.

Lern-Maus

Material
- gelber Tonkarton, 50 x 70 cm
- rotweiß gestreiftes Krepp-Papier
- Wellpappe: rot, blau, grün
- Moosgummi: weiß, gelb, hautfarbe, rot, pink, hellblau, blau, hellgrün, grau, schwarz
- selbstklebende Folie: rot, blau
- rotes Schleifenband, 4 cm breit, 2 m lang
- rotes Kräuselband
- weiße Bastelfarbe
- wasserfeste Farbstifte: rot, blau, grün, schwarz

Zunächst laut Grundanleitung von Seite 5 einen gelben Rohling anfertigen, die Spitze mit roter Selbstklebefolie verstärken und den oberen Tütenrand mit blauer Klebefolie versehen. Jetzt mit Heißkleber eine Manschette aus Krepp-Papier einkleben und die Tüte mit einer Pompon-Schleife verschließen.

Die Motivteile vom Vorlagenbogen auf die entsprechenden Moosgummi-Platten übertragen und ausschneiden. Die Stiftspitzen bestehen ebenfalls aus Moosgummi, für die geriffelten Griff-Flächen die Wellpappe nutzen. Die Schuhsohlen mit weißer Bastelfarbe bemalen und trocknen lassen. Vor dem Zusammensetzen der Maus und der Stifte den Pullover mit grünen Streifen bemalen. Die Konturen, das Gesicht und die Minen der Stifte mit den Farbstiften aufmalen. Vergessen Sie nicht, die Nase und die Augen mit kleinen Lichtreflexen zu versehen.

Auf die Schultüte Käse-Luftlöcher zeichnen und zum Schluss die Maus und die Stifte darauf anordnen. Die Maus dabei nicht platt aufkleben, sondern an den Seiten etwas von der Tüte abstehen lassen.

Ritter Eberhardt

Material

- grüner 3D-Wellpapperohling
- Krepp-Papier: gelb, silber
- Moosgummi: weiß, gelb, hautfarbe, rot, braun, grau, schwarz
- graues Strukturmoosgummi
- silberne Alu-Bastelfolie
- rotes Schleifenband, 2 cm breit, 2 m lang
- rotes Kräuselband
- gelbe Marabufeder
- wasserfeste Farbstifte: weiß, rot, schwarz

Den Wellpappe-Rohling zusammenstecken und den oberen Rand mit einem etwa 7 cm breiten, gerafften, silbernen Streifen Krepp-Papier hinterkleben. Die Tüte laut Grundanleitung von Seite 5 mit einer roten Pompon-Schleife und gelben Krepp verschließen.

Nun die Motive vom Vorlagenbogen auf das jeweilige Moosgummi übertragen und ausschneiden. Für den Kragen und das Visier des Helms die silberne Bastelfolie und für die Ärmel sowie die Hosenbeine das Strukturmoosgummi nutzen.

Anschließend alle Teile zusammensetzen. Mit den Farbstiften die Gesichter, Konturen und Lichtreflexe aufmalen. Den Helm von hinten mit einer gelben Feder verzieren. Den Ritter mit Pferd so auf der Tüte anbringen, dass das Tier an den Seiten etwas absteht. Abschließend die schön bemalten Wappen um den Ritter herum anordnen.

Verkehrsschule

Material

- gelber 3D-Wellpapperohling
- rotes Krepp-Papier
- Moosgummi: weiß, gelb, hautfarbe, orange, rot, hellblau, blau, dunkelgrün, braun, schwarz
- grünweiß kariertes Schleifenband, 2 cm breit, 2 m lang
- grünes Kräuselband
- 3D-Folienkleber
- goldene Effekt-Folie
- wasserfeste Farbstifte: rot, blau, schwarz

Den Wellpappe-Rohling zusammenstecken und das rote Krepp-Papier gerafft einkleben. Die Öffnung mit der karierten Schleife schließen.

Alle Motivteile vom Vorlagenbogen auf das Moosgummi übertragen und sorgfältig ausschneiden. Den Polizisten, die Autos und zum Teil auch die Verkehrsschilder zusammensetzen. Anschließend mit einem schwarzen Farbstift die Konturen aufzeichnen und mit den bunten Farbstiften die Verkehrsschilder und die Kelle ausarbeiten. Auf die gelben Moosgummi-Knöpfe Folienkleber auftragen und mit diesem auch Sterne auf die Schulterklappen malen. Alles gut trocknen lassen und dann die goldene Effekt-Folie mit der glänzenden Seite nach oben auf den getrockneten Kleber drücken.

Abschließend den Polizisten auf der Tüte platzieren und ihn mit den Schildern und Autos umgeben.

P

Dschungel-Fieber!

Dschungeltüte

Material

- grüner Tonkarton, 35 x 50 cm
- grüne, selbstklebende Folie
- Krepp-Papier: hellgrün, grün
- Moosgummi: weiß, gelb, hautfarbe, orange, rot, hellblau, blau, hellgrün, braun, schwarz
- rotes Schleifenband, 4 cm breit, 1 m lang
- rotes Kräuselband
- Bastelfarbe: weiß, rot
- schwarzer, wasserfester Farbstift

Zunächst laut Grundanleitung von Seite 5 aus dem Tonkarton einen kleinen Tütenrohling fertigen. Den Rohling an der Spitze und am oberen Rand mit der selbstklebenden Folie verstärken. Beim Ummanteln der Spitze zuvor ausgeschnittene Krepp-Papier-Blätter gleich mit einarbeiten. Nun auch am oberen Tütenrand von innen Papierblätter anbringen. Das hellgrüne Krepp-Papier gerafft einkleben und die Tüte mit einer Schleife verschließen.

Alle Einzelteile der Motive aus Moosgummi anfertigen und zusammensetzen. Mit den Stiften und der Bastelfarbe die Gesichter, Fellstrukturen und Konturen aufmalen. Dabei die Lichtreflexe in den Augen und auf den Nasen nicht vergessen. Die Tiere auf der Tüte platzieren und mit bunten Blumen sowie Schmetterlingen umgeben.

Hawaii-Mädchen

Material

- grüner Tonkarton, 50 x 70 cm
- dunkelgrüne, selbstklebende Folie
- Moosgummi: weiß, gelb, orange, rot, hellblau, blau, braun, schwarz
- grünes Krepp-Papier
- Blumenkette auf Gummifaden
- hellbrauner Naturbast
- kleine, bunte Textilblüten, Ø 1-2 cm
- Bindfaden
- Bastelfarbe: weiß, rot
- schwarzer, wasserfester Farbstift

Aus dem grünen Tonkarton einen Rohling herstellen und die Spitze mit selbstklebender Folie verstärken. Dabei direkt zuvor angefertigte Krepp-Papier-Blätter mit einkleben. In die Öffnung eine grüne Manschette einkleben und die Tüte mit einem Teil der Blumenkette verschließen. Mit der restlichen Blumenkette den oberen Tütenrand und laut Abbildung die Tütenspitze verzieren.

Das Hawaii-Mädchen sowie einige Schmetterlinge aus Moosgummi anfertigen und zusammensetzen. Die Konturen und das Gesicht mit den Stiften und Bastelfarben ausarbeiten. Nun die kleinen Textilblüten auf einen Bindfaden aufziehen und die Blütenkette dem Mädchen um den Hals binden. Für das Baströckchen zunächst drei 20 cm lange Baststücke zu einem Zopf verflechten. Dieser dient als Bund, an den nun wiederum 12 cm lange Baststücke geknotet werden. Dazu jeweils eine Schlaufe legen und die beiden Enden durchziehen. Dabei darauf achten, dass die Schlaufen jeweils auf der gleichen Seite liegen. Das Mädchen mit dem Rock vervollständigen und auf der Tüte platzieren. Zahlreiche bunte Schmetterlinge vervollständigen diese exotische Schultüte.

Auf der Schatzinsel

Pirat

Material
- blauer Glanzkarton, 50 x 70 cm
- rotweiß gestreiftes Krepp-Papier
- hellbraune, selbstklebende Folie
- weiße Kordel, 1 m lang
- Moosgummi: weiß, gelb, hautfarbe, orange, rot, hellgrün, braun, grau, schwarz
- wasserfeste Farbstifte: rot, blau, schwarz
- roter Buntstift
- weiße Bastelfarbe

Zunächst laut Grundanleitung von Seite 5 aus dem blauen Glanzkarton eine Schultüte anfertigen. Das gestreifte Krepp-Papier als Manschette einkleben und die Tüte mit einer Kordel verschließen. Die Spitze mit selbstklebender, hellbrauner Folie verstärken.

Alle Motivteile vom Vorlagenbogen auf die entsprechenden Moosgummiplatten übertragen und ausschneiden. Den Piraten zusammensetzen und mit einem schwarzen Stift das Gesicht, die Konturen und die Maserung des Holzbeins aufmalen. Das Oberteil mit blauen Streifen verzieren. Für die leichte Rötung der Nase sowie der Wangen von einer Buntstiftspitze etwas Farbe abschaben und diese mit einem Finger aufreiben. Nun den kleinen Piraten mittig auf der Tüte platzieren und den Hintergrund mit kleinen Seesternen verzieren.

Bunte Unterwasserwelt

Material
- blauer Alukarton, 35 x 50 cm
- selbstklebende Hologrammfolie
- silberne Geschenkfolie
- Moosgummi: weiß, gelb, orange, rot, pink, lila, blau, türkis, hellgrün
- blaues Organzaband mit Glitzerpunkten, 4 cm breit, 50 cm lang
- wasserfeste Farbstifte: gelb, rot, schwarz

Aus dem blauen Alukarton eine 45 cm große Schultüte drehen und die Spitze mit selbstklebender Hologrammfolie verstärken. In der Öffnung mit Heißkleber die geraffte, silberne Geschenkfolie fixieren und die Tüte mit einem blauen Schleifenband verschließen.

Nun die Einzelteile der Meerestiere, Muscheln und Pflanzen aus Moosgummi zuschneiden und zusammensetzen. Die Gesichter sowie Konturen aufmalen und alles laut Abbildung auf der Tüte anordnen. Kleine Luftblasen aus Hologrammfolie in den Zwischenräumen komplettieren die fröhliche Unterwasserwelt.

Grüße aus dem All

Material
- fertiger Rohling mit Sternennebel
- Geschenkfolie: gold, silber
- Moosgummi: weiß, gelb, orange, rot, pink, hellblau, blau, türkis, hellgrün, grau
- graues Strukturmoosgummi
- blaues Schleifenband, 4 cm breit, 50 cm lang
- weißes Kräuselband
- 1/2 Plexiglaskugel, Ø 10 cm
- grüner Chenilledraht, 2 x 20 cm
- rote Glitzerfarbe
- wasserfeste Farbstifte: blau, schwarz

Den Rohling zusammenstecken und zur Sicherheit verkleben. Die Spitze mit goldener Geschenkfolie absetzen. In die Tütenöffnung gerafft silberne Geschenkfolie einkleben. Die Tüte mit einer blauen Schleife verschließen.

Nun den Außerirdischen, die Sterne und Planeten vom Vorlagenbogen auf die entsprechenden Moosgummiplatten übertragen und ausschneiden. Das Gesicht und die Planetenkonturen aufmalen. Anschließend den roten Stern am Oberteil mit Glitzerfarbe bemalen und alle Einzelteile zusammensetzen.

Ein Helm aus einer halben Plexiglaskugel und Fühler aus spiralförmig gedrehten Chenilledrähten vervollständigen den Außerirdischen. Zum Schluss die intergalaktische Tüte mit der Figur und den diversen Sternen verzieren.

Fanatsiewelt

Einhorn

Material
- pinker Tonkarton, 50 x 70 cm
- selbstklebende Hologrammfolie
- silbernes Krepp-Papier
- Moosgummi: weiß, lila
- lila Schleifenband, 2 cm breit, 2 m lang
- Tüll: lila, rosa
- lila Kräuselband
- 3D-Folienkleber
- Hologramm-Effekt-Folie
- silberne Glitzerfarbe
- schwarzer, wasserfester Farbstift

Zu Beginn laut Grundanleitung von Seite 5 einen Rohling aus dem pinken Tonkarton vorbereiten und den oberen Rand sowie die Spitze mit der selbstklebenden Hologramm-Folie verstärken. Das silberne Krepp-Papier gerafft einkleben und mit einer Schleife dekorieren. Dazu aus dem Schleifenband eine Pompon-Schleife fertigen und diese mit 7 x 20 cm großen Stücken des Tülls hinterlegen.

Die Konturen des Einhorns vom Vorlagenbogen auf weißes Moosgummi übertragen, ausschneiden und das Tier mit lila Schweif und Mähne vervollständigen. Die lila Teile mit silberner Glitzerfarbe konturieren. Das Horn und die Hufe mit dem Folienkleber versehen und trocknen lassen. Anschließend die Effektfolie mit der glänzenden Seite nach oben auf die Klebeflächen drücken und wieder abziehen. Die restlichen Körperkonturen mit einem schwarzen Farbstift auftragen und das fertige Einhorn auf die Tüte kleben. Abschließend die Schultüte mit mehreren Sternen aus der selbstklebenden Hologrammfolie verzieren.

Ballerina-Maus

Material
- rosa Tonkarton, 35 x 50 cm
- pinkes Krepp-Papier
- Moosgummi: weiß, rosa, pink, grau, schwarz
- pinke Alu-Bastelfolie
- Tortenspitze
- weißer Tüll, 1,5 m lang
- silbernes Schleifenband, 2 cm breit, 40 cm lang
- weißes Schleifenband, 1 cm breit, 2 m lang
- rosa Satinband, 5 mm breit, 50 cm
- pinkes Satinband, 5 mm breit, 10 cm lang
- weißes Kräuselband
- Bastelfarbe: weiß, rot
- silberne Glitzerfarbe
- schwarzer, wasserfester Farbstift

Zu Beginn laut Grundanleitung von Seite 5 aus dem Tonkarton einen Schultütenrohling herstellen. Den oberen Rand mit silbernem Schleifenband umschließen und das Krepp-Papier gerafft mit Heißkleber einkleben. Die Spitze mit weißer Tortenspitze ummanteln und mit pinker Alu-Bastelfolie verstärken. Verschließen Sie die Tüte mit einer Pompon-Schleife aus weißem Schleifenband und einem Kräuselband. Den Tüll in fünf 20 cm lange Stücke schneiden, mittig raffen und die Schleife damit hinterlegen. Die Maus und die Blümchen von der Vorlage auf Moosgummi übertragen und ausschneiden. Das restliche Tüllstück raffen und mit Heißkleber auf das weiße Röckchen kleben. Um die Beine das rosa Satinband schnüren und die Ballerina zusammensetzen. Das freundliche Gesichtchen mit den Bastelfarben und dem Farbstift aufmalen. Eine kleine pinke Schleife am Schwanz vervollständigt die Maus, die nun auf der Tüte platziert werden kann. Die kleine Ballerina mit kleinen Blümchen umgeben, bei denen vorher der Mittelpunkt mit Glitzerfarbe dekoriert wurde.

Paulchen Pinguin

Material
- Motivkarton „Wasser“, 50 x 70 cm
- Krepp-Papier: türkis, grün
- Tonkarton: gelb, pink
- weißes Moonrock-Papier
- Moosgummi: weiß, orange, schwarz
- weiße Klebefolie
- silbernes Gitterband, 4 cm breit, 2 m lang
- Kräuselband: gelb, weiß
- Kunststoff-Eiswürfel
- wasserfeste Farbstifte: blau, schwarz
- Zackenschere

Zunächst einen großen Rohling herstellen und die Spitze mit Moonrock-Papier verstärken. Den oberen Rand laut Grundanleitung von Seite 5 mit weißer Klebefolie verstärken und das türkise Krepp-Papier gerafft mit Heißkleber einkleben. Die Tüte mit einer silbernen Pompon-Schleife verschließen.

Nun gemäß Vorlagenbogen eine Minitüte aus pinkem Karton basteln und den oberen Rand mit gelbem Tonkarton verzieren. Den gelben Karton am unteren Rand mit einer Zackenschere schneiden und die Tüte mit grünem Krepp-Papier sowie gelbem Kräuselband verschließen.

Die Einzelteile von Paulchen aus Moosgummi zuschneiden, zusammensetzen und bemalen. Anschließend die Mini-Schultüte unter einen Flügel kleben und Paulchen zusammen mit einigen Eisschollen aus weißem Moonrock-Papier auf der Tüte platzieren. Zum Schluss die Eiswürfel auf dem oberen Tütenrand und der großen Eisscholle verteilen.

Kätzchen Mikosch

Material
- gelber Tonkarton, 35 x 50 cm
- selbstklebende, pinke Folie
- pinkes Krepp-Papier
- Moosgummi: rosa, grau, schwarz
- lila Schleifenband, 1 cm breit, 3 m lang
- lila Kräuselband
- weiße Bastelfarbe
- schwarzer. wasserfester Farbstift

Den selbstgedrehten gelben Schultütenrohling am oberen Rand und an der Spitze mit pinker Klebefolie verstärken. Anschließend das pinke Krepp-Papier gerafft mit Heißkleber einkleben und die Tüte laut Grundanleitung von Seite 4-5 mit einer lila Pompon-Schleife verschließen.

Nun das Kätzchen von der Vorlage auf das Moosgummi übertragen und zusammensetzen. Das Gesicht, die Fellmusterung und die Lichtreflexe mit den Stiften und Farben aufmalen. Den fertigen Mikosch auf der Tüte platzieren und mit einigen schwarzen Fußabdrücken umgeben.